AF617588

Paseo con aves en Proserpina

Aurora Caldito Aunión

Primera edición: agosto 2025

Editamás, editorial y contenidos digitales

Diseño y maquetación: Xian Rodríguez Caldito.

EDITA:
Editamás, editorial y contenidos digitales

DEPÓSITO LEGAL:
BA-000470-2025

ISBN:
9788494984181

IMPRESIÓN Y PEDIDOS:
www. editamas. com
924 180791

ÍNDICE

Paseo con aves en Proserpina

Aurora Caldito Aunión

INTRODUCCIÓN

De todos los extraordinarios rincones que alberga la ciudad de Mérida, uno de mis favoritos es "La Charca", el Embalse de Proserpina.

El paseo por el camino que circunda el lago te llena de energía a la vez que te sorprende con su belleza todos los días. Una parte de esa riqueza permanece escondida para quien va con prisas o con cascos; porque hace falta calma y actitud de escucha para apreciar la riqueza natural que Proserpina posee.

A lo largo del tiempo, he fotografiado muchas de las aves que pueden observarse casi sin salir del camino perimetral. Por supuesto, están hechas con un teleobjetivo que acerca la imagen sin molestarlas.

De mi interés por conocer las aves del entorno y mi afición a la fotografía nace la idea de esta publicación, que no pretende ser una guía de aves al uso, sino una mezcla entre libro de fotografías y pequeña guía para empezar a conocer a estos animales. Va dirigido a personas que quieren iniciarse en la identificación de las aves que viven en el entorno del Embalse y sobre todo a quien quiera disfrutar de las imágenes que muestran este tesoro casi oculto.

Contiene 50 "fichas", pero podrían ser muchas más las especies ornitológicas presentes (algún mamífero, insecto y reptil también incluyo).

Cada ficha contiene una pequeña descripción del animal, además de algunos datos sobre su comportamiento o el momento más oportuno, según mi experiencia, para verlo.

Proserpina es un estupendo lugar para llenarnos de luz y aire limpio, observando la naturaleza. Del conocimiento surge el aprecio y desde ahí quizás podamos llegar a su conservación.

Espero poder transmitiros la sorpresa y emoción que me sigue produciendo cada descubrimiento de un nuevo pájaro, o insecto, o planta antes desconocidos para mí. Carbonero, palomas, aviones, pato cuchara, oropéndola... Os animo a seguir conociendo y amando nuestro hermoso patrimonio natural e histórico.

No eligieron mal los romanos.

ABEJARUCO (*Merops apiaster*)

Estas inconfundibles aves solo están presentes en verano.

Su aspecto es muy llamativo por su coloración. En la zona superior de la cabeza y el dorso tienen un color rojizo y dorado. La garganta es amarilla. El pico es largo y oscuro y sus ojos son rojos. La cola y las zonas inferiores lucen colores verdosos y azul turquesa.

Podemos oírlos y verlos volando en grupo o entre las ramas de los árboles con sus brillantes colores. Se alimentan de todo tipo de insectos. Forman colonias y anidan haciendo agujeros en taludes o cortes del terreno. Excavan galerías de dos metros de profundidad para construir sus nidos. Al final del verano emigran a África.

ABUBILLA (*Upupa epops*)

Esta hermosa ave reside en Extremadura. Es fácil verla con su largo pico capturando insectos en el suelo. Tiene el cuerpo ocre anaranjado y las alas con rayas blancas y negras. Es muy llamativa su cresta con el extremo blanquinegro. Tiene un tamaño alrededor de 25 cm. Le gustan los espacios abiertos, las dehesas.

Forman pareja de por vida y hacen los nidos en huecos de árboles. Tiene una glándula que segrega un olor pestilente que esparce alrededor del nido como medio de protección ante depredadores.

ÁNADE REAL (*Anas platyrhynchos*)

Es un pato corriente que vive todo el año en Proserpina.

El macho tiene la cabeza y el cuello con irisaciones verde o azul dependiendo de la luz. Tiene un collar blanco, el pecho marrón y el vientre grisáceo. Luce una mancha azul en las alas (espejuelo). La popa es negra rematada por dos plumas rizadas. El pico es amarillo uniforme y las patas son de color naranja.

La hembra luce un aspecto mucho menos llamativo. Su plumaje es pardo manchado y tiene el pico naranja apagado con manchas color marrón. Después de la época reproductora cambian las plumas pareciéndose los machos a las hembras. Se llama plumaje de eclipse. En la siguiente muda recuperan sus atractivos colores.

Su alimentación es variada: plantas, pececillos o semillas.

HÍBRIDOS DE ÁNADE REAL

El ánade real, también llamado ánade azulón, tiene tendencia a la hibridación con otras especies. El resultado es un animal estéril, normalmente más grande y con un colorido o plumaje extraño.

Estos ejemplos de las fotografías son una mezcla entre ánade real y pato criollo, que actualmente comparten espacios en el embalse de Proserpina.

ANDARRÍOS CHICO (*Actitis hypoleucos*)

Es un pequeño pájaro muy inquieto de unos 20cm, residente habitual. Corretea por la orilla del lago balanceando el cuerpo a la búsqueda de pequeños pececillos e invertebrados con los que se alimenta.

Tiene el plumaje de la cabeza, dorso y alas de color pardo grisáceo. Su vientre es blanquecino con una característica cuña o babero en el pecho. El pico es largo y oscuro mientras que las patas son cortas y verdosas. Realiza vuelos cortos a ras de agua.

AVETORILLO (*Ixobrychus minutus*)

El avetorillo es una de las garzas europeas más pequeñas.

El macho tiene la cabeza grisácea con mancha oscura desde el pico hasta el dorso, incluida la nuca. Tiene el pico largo anaranjado y el iris amarillo con borde rojizo. El cuello y el vientre son de color crema con líneas más marcadas y las patas verdosas.Las hembras tienen colores tierra más apagados lo cual le sirve de camuflaje entre la vegetación. Los jóvenes tienen un diseño similar al de las hembras.

Cuando se siente amenazado adopta una postura con el cuello estirado y el pico apuntando hacia arriba sin moverse.

Su alimentación consiste mayormente en anfibios y peces, aunque también insectos.

BÚHO CHICO (*Asio otus*)

Con suerte podremos observar a estas rapaces de casi 35 cm, que tienen actividad nocturna principalmente, pasando desapercibidos entre los árboles durante el día. Tienen el plumaje con tonos ocres rojizos y listas oscuras, por lo que se mimetizan muy bien con los troncos. Tienen las alas largas y estrechas. Su cabeza es redondeada, rematada por penachos que parecen orejas. Los ojos son anaranjados y el disco facial es de color marrón claro con reborde oscuro.

Luce un plumón blanco entre los ojos y el pico, formando una "X". Se estira para camuflarse mejor cuando se siente amenazado. Se alimenta de roedores o aves pequeñas. No construye nidos sino que se aprovecha de los de otras aves: urracas, palomas...

BUITRÓN (*Cisticola juncidis*)

Es un pájarito residente todo el año, muy pequeño (10 cm) y regordete que tiene el dorso pardo rojizo con listas más oscuras. Su cola es corta con puntas blancas por debajo. El vientre es blanco amarillento. Tiene los ojos marrón claro. En época de cría el macho tiene el pico oscuro y la cabeza sin listas, al contrario que la hembra: cabeza listada y pico clarito. Es insectívoro.

Las hembras construyen nidos con forma de pera a escasa altura, entre la vegetación, usando telarañas. Se le llama también "morgañero" o "pájaro mosca".

CIGÜEÑA BLANCA (*Ciconia ciconia*)

La elegante cigüeña es nuestra zancuda más famosa. Inconfundible por su pico rojo, su plumaje blanquinegro y sus largas patas rojizas. Los jóvenes tienen el pico gris rosado. Se alimenta de anfibios, insectos y pequeños roedores. Hacen sus nidos encima de edificios o en los árboles y los van agrandando con ramas cada año. En época de reproducción hacen un "crotoreo" sonoro, echando la cabeza hacia atrás y exhibiendo una garganta roja.Se agrupan para emigrar a África, aunque cada vez hay más ejemplares que deciden pasar el invierno con nosotros.

COGUJADA (*Galerida*)

Viven en Proserpina todo el año dos cogujadas: común (Galerida cristata) y montesina (Galerida theklae), que no se distinguen fácilmente. Se trata de un pájaro pequeño con plumaje pardo terroso con un rayado más oscuro. Tiene una cresta larga y puntiaguda, que lo caracteriza, y un pico largo y afilado. Este aspecto hace que se camuflen muy bien con el entorno. Podemos ver cogujadas en el camino capturando insectos y semillas. Hacen un pequeño agujero en el suelo que les servirá de nido. Comúnmente se las llama "cogutas".

COLIRROJO TIZÓN (*Phoenicurus ochruros*)

Es un pájaro residente en Proserpina, que podemos observar, sobre todo en invierno, posado sobre algún muro, en el suelo dando saltitos o comiendo insectos y bayas. Los distinguimos por la cola de color rojo óxido, de ahí su nombre. El pico y las patas son negruzcos. El macho tiene color pizarra con el vientre grisáceo y manchas blancas en las alas.

Las hembras y los jóvenes son de un color pardo grisáceo, sin manchas blancas en las alas. Hace el nido en agujeros de rocas o edificios.

CORMORÁN GRANDE (*Phalacrocorax carbo*)

Es un ave de tamaño medio, de plumaje oscuro con reflejos azul verdoso. Tiene el pico fuerte y ganchudo con una mancha amarilla rodeada de blanco en su base. Sus ojos son color verde esmeralda y su cuello es muy flexible. En época de cortejo lucen un plumaje blanco en la cabeza. Las patas son oscuras con cuatro dedos palmeados.

Puesto que sus alas no son hidrófugas, se posan en las rocas extendiéndolas para secarlas.

Sus excrementos son corrosivos.

CURRUCA CABECINEGRA (*Sylvia melanocephala*)

Es un pequeño pájaro residente habitual y fácil de ver.

Los machos tienen la cabeza negra hasta debajo de los ojos contrastando con la garganta blanca. El resto del cuerpo es gris, siendo el dorso más oscuro y la cola negra. Las hembras tienen el plumaje pardo grisáceo y la cabeza gris. En los dos destaca mucho el anillo ocular rojizo y el iris color miel.

Se les puede observar alimentándose de insectos y bayas.

Construyen los nidos ocultos entre los arbustos.

CURRUCA CAPIROTADA (*Sylvia atricapilla*)

Esta curruca puede observarse durante todo el año en el embalse, pero sobre todo en meses de invierno, ya que tenemos visitantes que vienen de Europa, incrementándose su número en esas fechas.

El macho tiene el capirote negro hasta mitad del ojo. A diferencia de

la curruca cabecinegra no tiene la garganta blanca ni el anillo ocular rojo. El resto del cuerpo es pardo grisáceo, más pálido el vientre. Las hembras tienen el capirote rojizo.

Se alimentan de insectos y bayas.

ESPÁTULA (*Platalea leucorodia*)

Es una zancuda grande de plumaje blanco y pico grande, oscuro, rugoso y plano con la punta amarilla. En época de reproducción lucen en la cabeza un penacho de plumas blanco con zonas color azafrán y una mancha pectoral ocre. Los jóvenes tienen el pico y las patas gris rosáceo. Rastrean el fango en aguas someras para alimentarse de peces, crustáceos e insectos. Las espátulas son parcialmente migratorias.

ESTORNINO NEGRO (*Sturnus unicolor*)

Es muy abundante y está presente todo el año. Lo vemos en grupos junto a las viviendas o posados en cables.

Se puede confundir con el mirlo, pero su plumaje negro es más brillante. Luce algunas irisaciones violáceas en las alas; las plumas del pecho y garganta son más finas y largas y se despliegan cuando canta. Tiene la base del pico azulada y el pico amarillo en verano y más oscuro en invierno. Sus patas son rosadas. Se alimenta de insectos y semillas.

Los estorninos son capaces de imitar el sonido de otras aves.

Forman bandos de cientos de individuos que vuelan sincronizados haciendo figuras ondulantes.

ESTRILDA COMÚN (*Estrilda astrild*)

También llamado "pico de coral", es un pájaro muy pequeño, de plumaje pardo con listas horizontales, en el que destaca el color rojo del pico y el antifaz. La garganta es color gris claro a blanco y la cola es oscura por debajo. Los machos lucen una mancha roja muy llamativa en el vientre, sobre todo en época de reproducción. Van siempre en grupo, volando rápido entre las hierbas y carrizos. Se alimenta de semillas principalmente, aunque no le hace ascos a algún insecto. Es un ave que procede de África y su aparición aquí está relacionada con escapes de mascotas. Es residente habitual desde hace pocos años en Proserpina y está catalogada como especie exótica invasora desde 2013.

FOCHA COMÚN (*Fulica atra*)

Tienen el cuerpo regordete con plumaje color negro pizarra. La cabeza es negra con pico y escudete frontal blancos y los ojos rojos. Las patas son muy grandes y fuertes con dedos largos y lobulados. Se alimentan de plantas acuáticas o pececillos. Hacen nidos visibles con palos y vegetación húmeda. Tienen varias puestas al año, siendo los pollitos parecidos a los de las gallinetas.

GALLINETA COMÚN (*Gallinula chloropus*)

La gallineta es más pequeña que la focha, del tamaño de una paloma. Es muy esquiva y tímida. Se encuentra a gusto entre la vegetación. Tiene el plumaje con tonos marrón oscuro en el dorso, con irisaciones azules en el resto. En los flancos lleva una línea blanca y bajo la cola algunas plumas blancas también. Su pico es rojo con la punta amarilla. Ojos rojos. Tiene unas patas grandes y verdes. Al contrario que las fochas, ocultan sus nidos en lugares con mucha cobertura vegetal. Se alimentan de semillas, plantas o insectos pequeños.

GARCETA COMÚN (*Egretta garzetta*)

Es una garza mediana residente habitual. Tiene el plumaje muy blanco y sus patas son negras con los pies amarillos. El pico es largo y oscuro con la base azulada. Tiene el iris amarillo pálido. Cuando está en época reproductora luce dos plumas largas en la cabeza.

La vemos en aguas poco profundas alimentándose de peces, anfibios o cangrejos. Vuela con el cuello replegado. Anida en árboles y arbustos y es bastante sociable.

GARCILLA BUEYERA (*Bubulcus ibis*)

Es una pequeña garza de 52 cm aproximadamente. Tiene el plumaje blanco y el pico y los ojos amarillos. Las patas son de color gris amarillento. Cuando son jóvenes tienen el pico color gris. En época de cortejo lucen en la cabeza, pecho y espalda, un destacado tono anaranjado. Aunque es frecuente verla cerca del agua, también se la puede observar junto al ganado o alrededor de labores agrícolas. Se alimenta de insectos y pequeños vertebrados. Nos visita muchas veces a lo largo del año.

GARCILLA CANGREJERA (*Ardeola ralloides*)

Es una de las garzas de mediano tamaño que se pueden ver en Proserpina desde abril a septiembre. Es una residente estival que utiliza nuestro entorno como área de reproducción. La veremos en aguas someras, entre los carrizos o sobre alguna piedra comiendo pequeños peces, insectos o anfibios. En época de reproducción luce un llamativo pico azulado con punta negra, tonos ocres en su cuerpo y patas rosadas. En invierno cambia de aspecto mostrando el cuello listado y pico verdoso. Es frecuente verla cerca del puente de la ermita si no hay mucho ruido cerca.

GARZA IMPERIAL (*Ardea purpurea*)

Durante el verano, antes de que migre hacia África, podemos observar esta garza de tamaño grande, de color pardo-gris con líneas verticales que le ayudan a mimetizarse con el entorno. Se alimenta de peces y ranas esperando inmóvil a las presas en aguas someras, entre los carrizos. Se diferencia de la Garza Real en el color (esta es gris y blanca) y en que es migrante mientras que la Real es residente todo el año.

GARZA REAL (*Ardea cinerea*)

Es una garza de tamaño grande que podemos ver durante todo el año, cerca de la orilla, muchas veces entre la vegetación.

Tiene un plumaje gris y blanco con zonas oscuras. Los adultos presentan un penacho fino cayendo hacia la nuca. Lucen un pico largo y poderoso de color anaranjado.

Se alimenta de peces o anfibios esperándolos pacientemente sin moverse.

En vuelo o cuando descansa recoge el cuello en forma de “S”.

GAVIOTA REIDORA (*Chroicocephalus ridibundus*)

Es una gaviota pequeña muy común en Europa.

Tarda dos años en conseguir el plumaje adulto: tonos grises y blanco en el cuerpo, patas rosadas, oscuro el pico, anillo ocular blanco. Luce una caperuza negra en verano que se reduce a una mancha tras el ojo en invierno. En etapa juvenil su plumaje presenta tonos pardos.

Se alimentan de gusanos, pececillos, crustáceos...

GAVIOTA SOMBRÍA (*Larus fuscus*)

Es una gaviota más grande que la reidora, con plumaje gris, negro y blanco. El pico es fuerte y amarillo con la punta roja. Tiene los ojos de color amarillo claro con anillo ocular rojo. Sus patas son amarillentas. Tarda cuatro años en tener aspecto de adulto.

Es omnívora.

GOLONDRINA COMÚN (*Hirundo rustica*)

Anticipando la primavera nos visitan estas hermosas aves.

Tienen la cara y garganta color rojo oscuro y el pico muy corto y ancho en la base. El vientre es blanco y el resto es azul oscuro con brillos. Su cola está ahorquillada. Nidifican en los mismos lugares cada año, construyendo una cazoleta de hierba seca y barro bajo los aleros de tejados o salientes de construcciones humanas.

La observaremos fácilmente haciendo vuelos muy rápidos alimentándose de insectos.

Forman grupos numerosos juntándose en los cables de las calles antes de migrar a África para pasar el invierno.

GOLONDRINA DÁURICA (*Cecropis daurica*)

Estas golondrinas se diferencian de las comunes en que tienen la cara, nuca y base de la cola de un color anaranjado. Podemos ver golondrinas dáuricas en época estival (marzo a septiembre), ya que pasa el invierno en África. Es menos urbana que la común, por lo que construye los nidos más alejados de los humanos, bajo los puentes o cavidades naturales cerca del agua. Los nidos tienen forma de iglú bocabajo pegados al techo. A veces, otros pájaros como los vencejos cafres se apropian de los nidos de las golondrinas dáuricas.

HERRERILLO COMÚN (*Cyanistes caeruleus*)

Es un pájaro pequeño (11 cm). Tiene la cabeza azul y blanca con una línea negra a la altura de los ojos. El pico es pequeño y oscuro. Tiene el dorso verdoso, las alas azules y el vientre amarillo con una mancha negra. Sus patas son azuladas.

Lo podemos observar entre las ramas de los árboles durante todo el año. Se alimenta de insectos, arañas y semillas.

En algunos pueblos extremeños le llaman "caganchín" o "jerrerito".

JILGUERO LÚGANO (*Spinus spinus*)

Es un pájaro pequeño y muy inquieto. El macho destaca por el color amarillo verdoso de su cuerpo, contrastando con las líneas negras en la cola y las alas. En la cabeza tiene una banda color negro intenso. La hembra tiene un tono grisáceo en general y la cabeza pálida. Las alas y cola son similares a las del macho.

Nos visita en invierno y se alimenta principalmente de semillas.

Se puede confundir con el verderón o el verdecillo.

LAVANDERA BLANCA (*Motacilla alba*)

Es un pájaro pequeño con plumaje muy contrastado, entre gris, blanco y negro. La cola es larga y estrecha.

En nuestro embalse se puede ver con facilidad en la orilla (de ahí su nombre común), en terrenos abiertos, incluso cerca de las casas.

Es un ave muy fácil de observar, siempre muy inquieta, que va dando saltitos para atrapar insectos o semillas.

También se le llama “pajarita de las nieves”, “pastorcilla” ...

MARTÍN PESCADOR (*Acedo atthis*)

Es un pájaro de 1617 cm, residente todo el año, de plumaje llamativo, pero a la vez capaz de camuflarse con el entorno cuando está posado.

Tiene una gran cabeza, pico muy largo y oscuro, el cuerpo rechoncho y la cola muy pequeña. Las zonas inferiores y una mancha en la mejilla son de color naranja. En la garganta y el cuello tiene unas manchas blancas. Llaman mucho la atención los colores del resto del cuerpo, de un azul eléctrico.

Su vuelo rápido es una ráfaga azul brillante cerca del agua. Desde posaderos se lanza en picado para capturar anfibios o pequeños peces. Hacen el nido excavando una galería de casi un metro en taludes cerca del agua.

MARTINETE COMÚN (*Nycticorax nycticorax*)

Es una garza pequeña que podemos ver en período estival. Tiene la cabeza y el dorso negro azulado mientras que las alas son de color gris claro. La cara y el vientre son blancos. Tiene el pico oscuro, los ojos rojos y las patas amarillas. En época de cría lucen en la cabeza tres plumas largas y blancas que le caen por la espalda. No se diferencia el aspecto de machos y hembras.

Podemos verlos de día, pero tienen más actividad al amanecer y atardecer.

Se alimentan de peces, anfibios e insectos.

MIRLO COMÚN (*Turdus merula*)

El mirlo es un pájaro mediano con plumaje negro carbón. El anillo ocular y el pico son de color amarillo o anaranjado (no confundir con estorninos, que tienen pico distinto y sin anillo ocular). Las hembras son de color pardo oscuro con motas más claras.

Se trata de un pájaro sedentario y bastante abundante. Podemos verlo comiendo insectos, lombrices y bayas.

De vez en cuando se ven mirlos "leucísticos", con manchas blancas en las plumas, debido a una alteración genética.

MITO COMÚN (*Aegithalos caudatus*)

Es uno de los pájaros más pequeños de nuestro entorno. Tiene un cuerpo regordete con una llamativa cola muy larga y fina. La cabeza es blanca con dos franjas laterales negras desde el pico hasta el dorso. La cara y el pecho son blancuzcos; el dorso es pardo y el vientre rosado. Tiene las alas oscuras con líneas blancas.

No es fácil verlo por su pequeño tamaño y porque pasa mucho tiempo entre los árboles. Construye un nido en forma de huevo, con plumas, musgo o telarañas, donde hacen dos puestas de 8 a 10 huevos.

Es un ave sedentaria que se alimenta de insectos y semillas.

MORITO COMÚN (*Plegadis falcinellus*)

Desde hace unos años se pueden observar moritos en Proserpina durante todas las estaciones. Es un ave zancuda de tamaño medio y un pico curvo inconfundible. Los adultos en época de reproducción lucen un plumaje pardo rojizo con brillo irisado en las alas y dos líneas blancas en la cara. En invierno tienen apariencia más apagada.

Se alimentan de insectos, moluscos y pequeños anfibios, en aguas poco profundas.

MOSQUITERO COMÚN (*Phylloscopus collybita*)

Podemos ver muchos mosquiteros comunes sobre todo en invierno posándose en ramas bajas o arbustos. Son pájaros inquietos y muy pequeños (69 g). Sus partes superiores son de color pardo verdoso con tintes marrones y las inferiores son amarillento claro. Tienen una ceja amarillo pálido y el pico fino. Sus patas son oscuras. Se alimenta de mosquitos realizando vuelos cortos cerca del agua. Muy parecido es el mosquitero musical (foto 4), que nos visita entre marzo y noviembre en su paso migratorio. Sus patas son más claras y las cejas más evidentes.

OCA O GANSO DOMÉSTICO (*Anser anser*)

Es una de las aves acuáticas más grandes residentes en Proserpina. Proceden de la domesticación del ganso silvestre.

No hay diferencia apreciable entre macho y hembra. Su plumaje varía del blanco a grises y pardos con vientre blanco. Posee un pico ancho y dentado de color naranja, siendo sus patas rosadas. Las alas son anchas, siendo su vuelo corto y pesado. Se alimentan de hierbas, raíces o bayas, incorporando piedrecitas para triturarlas en la molleja.

Anidan cerca del agua. Son animales muy sociables pero territoriales. Protegen a su familia graznando con agresividad. Se emparejan de por vida (hasta 20 años).

PALOMA TORCAZ (*Columba palumbus*)

Es una paloma de gran tamaño (500 gr) con plumaje gris en el dorso, un robusto pecho y cola larga. Tiene el cuello con plumas irisadas y dos características manchas blancas a los lados. También luce líneas blancas en la parte superior de las alas. Sus ojos son amarillo pálido. Su pico es rosado en la base y amarillo en la punta, con una membrana carnosa blanquecina en la parte superior. El dibujo de su plumaje es el mismo en todas las palomas torcaces, al contrario de las palomas domésticas.

Se alimentan de granos, bayas o plantas.

Vive en el arbolado cercano al ambiente urbano. Son muy sociables. Pueden criar dos veces entre primavera y verano.

PAPAMOSCAS CERROJILLO (*Ficedula hypoleuca*)

Se trata de un pequeño pájaro de unos 13 cm de longitud. Tiene la cabeza y el dorso color pardo grisáceo. Las alas y la cola son oscuras con líneas blancas. La garganta y el vientre son de color ocregris muy claro. El pico, las patas y los ojos son negros. Los machos tienen una pequeña mancha clara en la frente y presentan un plumaje nupcial blanco y negro muy contrastado.

En época no reproductora no se diferencian de las hembras. Son insectívoros.

Está presente en periodo estival e inverna en África.

PATO CRIOLLO (*Cairina moschata*)

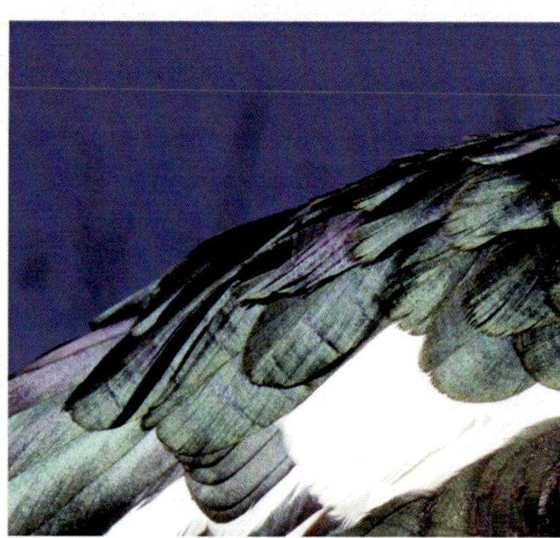

Residente habitual en Proserpina, es un ave de tamaño grande, de procedencia sudamericana e introducido como ave doméstica y ornamental.

Destacan unas llamativas carnosidades color rojo brillante en la cara. No tienen un plumaje uniforme entre unos individuos y otros, aunque todos tienen partes oscuras con irisaciones verdes y moradas.

En la cabeza y el cuello tienen manchas blancas. Los machos son un poco más grandes y tienen una pequeña cresta. Es omnívoro.

Tiene una gran capacidad de hibridación, se mezcla con especies cercanas, como el ánade azulón, dando lugar a individuos no reproductores.

PETIRROJO EUROPEO (*Erithacus rubecula*)

Este pequeño (13 cm) pero precioso pajarito destaca por su mancha de color anaranjado en la cara y el pecho. Tiene el vientre grisáceo y el resto es pardo. El pico y los ojos son negros y las patas marrones. No hay distinción entre machos y hembras.

Su alimentación consiste en insectos, semillas o frutos.

Es residente habitual en nuestro entorno, incluso recibimos en invierno ejemplares del norte. Tiene un carácter territorial, disputándole el terreno incluso a pájaros más grandes.

PICO PICAPINOS (*Dendrocopos major*)

Es un pájaro carpintero residente en Proserpina, de unos 25 cm de longitud. Tiene un pico muy fuerte con el que taladra la madera de los árboles haciendo agujeros para anidar o buscar larvas para alimentarse. La cabeza negra luce una especie de antifaz blanco hasta la nuca. La garganta y el vientre tienen color grispardo muy claro. El dorso es negro con listas y zonas blancas. Destaca una mancha rojo intenso en la zona anal y en los machos también en la nuca. Tiene una cola corta y rígida para apoyarse en las ramas. Las patas adaptadas con dos dedos hacia delante y otros dos atrás, le ayudan a trepar por los árboles.

RABILARGO IBÉRICO (*Cyanopica cooki*)

Es un córvido de tamaño mediano, con la cola larga y escalonada. Su plumaje es de color azul en la cola y las alas. La cabeza es negra y el resto de color canela.

Se alimenta de insectos, semillas y frutos.

Son muy sociables y se mueven en bandadas familiares graznando ruidosamente. Anidan en las copas de los árboles.

Una curiosidad es que hacen cría colaborativa: los pollitos reciben atención de sus padres y también de otros ayudantes o "niñeros".

Es sedentario y abundante en Extremadura.

SERÍN VERDECILLO (*Serinus serinus*)

Se trata de un pequeño pájaro de unos 11 cm, que podemos observar todo el año. Destaca el color amarillo vivo del pecho y la frente. También en la cara, enmarcando las mejillas más oscuras. Igualmente tiene amarillo el obispillo (rabadilla). El vientre es gris muy claro con listas más oscuras. El dorso y las alas son de color pardo grisáceo con bordes claros en el extremo de las plumas. Tiene la cola escotada. El pico pequeño, gris y cónico le permite alimentarse básicamente de semillas ya que es granívoro. Las hembras tienen el color más apagado.

Les gusta posarse en las copas de los árboles, cantando con un trino muy reconocible.

SOMORMUJO LAVANCO (*Podiceps cristatus*)

Podemos verlo en el lago todo el año. Es muy buen buceador. Se alimenta de cangrejos y pequeños peces. Aunque en invierno pasa más desapercibido, en verano tiene un aspecto muy llamativo con ojos rojos y un penacho negro y rojizo en los laterales de la cabeza. No hay diferencia aparente entre macho y hembra. Hacia abril o mayo realiza con la pareja un baile de cortejo muy hermoso.

Transportan a los pollitos entre sus plumas paseándolos por el agua.

TARABILLA EUROPEA (*Saxicola rubicola*)

Durante todo el año es fácil observar a este pajarito de cabeza negra, collar blanco y vientre rojizo. Tiene unas manchas blancas en la base de las alas. La hembra posee un plumaje menos contrastado y la cabeza de color pardo listada. Se mueve en zonas abiertas, posándose en sitios visibles, por ejemplo, en lo alto de un matorral. Es insectívoro. Anida cerca del suelo poniendo 5 o 6 huevos color azul claro. En invierno aumenta la población con tarabillas procedentes de Europa.

URRACA COMÚN (*Pica pica*)

Se trata de un córvido residente habitual y muy reconocible. Su plumaje es negro con irisaciones azul y violeta. El fuerte pico y los ojos son negros. El vientre y parte de las alas son blancos. Tiene una cola larga y escalonada.

La podemos observar fácilmente saltando por el suelo alimentándose de insectos, frutos o pequeños mamíferos.

Su nido es parasitado por el "críalo europeo", que pone sus huevos en el nido de las urracas, siendo estas las que cuidan a sus pollos.

GALÁPAGO LEPROSO (*Mauremys leprosa*)

Es una tortuga de agua visible en nuestro entorno. Su caparazón tiene una coloración verde pardo más o menos uniforme en el que a veces se producen infecciones que le dan un aspecto descamado. En el cuello tienen líneas naranjas y amarillas, que van desapareciendo con la edad. Los machos pueden alcanzar los 20 cm y las hembras algo más. Su dieta es básicamente carnívora: pececillos, sanguijuelas, ranas...

Sale del agua para tomar el sol, regulando así su temperatura, subiéndose encima de piedras o ramas flotantes. Tienen un carácter asustadizo, tirándose rápido al agua cuando detectan amenazas. Entran en estado de hibernación en los meses fríos, reduciéndose al mínimo sus funciones vitales. Uno de los problemas a los que se enfrenta este galápago es la competencia de la tortuga de Florida, "de orejas rojas", especie exótica invasora que pone en riesgo su supervivencia (fotos 3 y 4). El galápago leproso está catalogado como especie protegida.

LIBÉLULAS Y CABALLITOS DEL DIABLO

El intenso calor del verano extremeño es propicio para la observación del original modo de vida de estos preciosos insectos en el perímetro del embalse.

Se pueden ver algunas de las 50 especies que alberga Extremadura.

Las libélulas, cuando paran, mantienen las alas extendidas mientras que los caballitos las ponen pegadas al abdomen. Los caballitos son más pequeños y tienen los ojos más separados.

Viven cerca del agua y se alimentan de moscas, mosquitos, avispas...

Mejor hacer fotos que capturarlos.

NUTRIA COMÚN (*Lutra lutra*)

Es un mamífero acuático de unos 80 cm (sin la cola) y unos 15 kg. Tiene el cuerpo alargado con varias capas de grasa y la cola muy larga y aplanada. Luce unos grandes bigotes, buenos colmillos y orejas diminutas. Entre los dedos tiene una membrana natatoria que le ayuda a bucear, aunque usa principalmente la cola para ello. El pelaje es muy tupido, impermeable, de color pardo grisáceo con la garganta y vientre más claro.

Se desplazan por el lago y los arroyos, por tierra y agua. Construyen varias madrigueras con entradas bajo el agua y orificios aéreos. Se alimentan de peces principalmente, aunque les gustan mucho los cangrejos. Prueba de ello son los inconfundibles excrementos color rojo que vemos en sus letrinas. Para comer pueden utilizar herramientas, lo que indica que son muy inteligentes.

Los únicos depredadores que tienen estos preciosos mamíferos son los humanos, causantes de atropellos o degradación del medio.

Agradecimientos

Agradezco a los vecinos el interés y la ayuda que he recibido de su parte.

Durante muchos meses, a través del grupo de WhatsApp de la Asociación de vecinos de Proserpina, compartí con ellos muchas de estas fotografías que han sido el germen de este libro. Gracias por el apoyo demostrado.

Mi maestra favorita e iniciadora ha sido Elvira Del Viejo y mis enciclopedias ornitológicas son Francisco Lopo y Gonzalo Cidoncha (ADENEX). Mar Martín, Merche Piñón, Julia Serván, así como mis familiares y amigos me han aportado información y entusiasmo.

Y, sobre todo, gracias a mis ayudantes, correctores y animadores: Xiang y Manolo.

Verano de 2025